ウオッチマン・ニー著

早起き

JN061241

JGW日本福音書房

初信者シリーズ

12

早起き

聖書：雅七・十二、詩五七・八―九、六三・一、七八・三四、九〇・十四、百八・二―三、出十六・二一（詩六三・一、七八・三四の「熱心に」は、原文では「早朝」です）

一　早朝は一日のうちで最も良い時間である

主を信じた人は、毎朝、何時に起きるべきでしょうか？

ある姉妹はかつてとてもいいことを言いました、「ある人に主を愛する心がどれほどあるかは、まずその人の寝床と主との間の選択を見たらわかります。あなたは寝床をより多く愛しますか、それとも主をより多く愛しますか？　寝床をより多く愛するなら、多く眠ります。主をより多く愛するなら、少し早く起きるでしょう」。彼女がこのことを語ったのは三十数年前のことですが、今日に至ってもこの言葉はやはり新鮮であると感じます。人は寝床をより多く愛するのか、それとも主をより多く愛するのか、いつも選択しなければなりません。主をより多く愛するなら、あなたは早く起きるでしょう。

なぜクリスチャンは早起きしなければならないのでしょうか？　それは人が主にまみえるのには早朝が一番良い時だからです。病気の時以外、すべての兄弟姉妹は早く起床すべきです。多くの病は、もともと病ではなく、人が自分を愛しすぎるために病になるのです。医者に多く休息を取るように勧められたら、早起きしなくてもいいでしょう。わたしたちは極端に走りたくありませんから、病気の兄弟姉妹にはゆっくり眠るよう勧めます。しかし、健康な人はできるだけ早く起きるべきです。なぜなら、早朝こそ、主にまみえ、主と行き来し、主と交わるのに最も良い時だからです。マナは日の出前に集められました(出十六・十四―二一)。神が与えてくださる糧を食べようと思うなら、人は朝早く起きるべきです。日が熱くなるとすぐマナは溶けてしまって、食べられなくなります。あなたが神の御前で霊的な養いを得たいなら、霊的に成就されたいなら、霊的な交わりを持ちたいなら、霊的な糧を得たいなら、早く起きなければなりません。遅く起きれば、マナは食べられません。

朝早い時に、神は特別に霊的な食物、聖なる交わりをご自身の子供たちに分け与えてくださいます。取りに来るのが遅すぎた人は、手に入れることができません。多くの神の子供たちが病気のような生活をしているのは、決して何か別の霊的問題があるからではなく、彼らの起きるのがあまりに遅すぎるからです。多くの神の子供たちは、献身もしており、熱心でもあり、愛する心もあるのに、起きるのが遅すぎるゆえに、クリスチャンとしての正常な生活をすることができないでいます。これを小さな事として、霊性とは関係がないとしてはいけません。実はとても関係があるのです。多くの人が霊的でないのは、遅く起きるからです。多くの人は何年たっても良いクリスチャンになれないでいますが、それは起きるのが遅すぎるからです。わたしたちは、祈ることができる人で、遅く起きる人を一人として知りません。神と親しく交わる人で、遅く起きる人を一人として知りません。神を認識している人は、いつも朝早く起きます。彼らは早く起きて、神と交わるのです。

箴言第二六章十四節は言います、「戸がちょうつがいで転がるように、怠け者は寝台の上で転がる」。ここでは、怠け者は寝台で、戸がちょうつがいでこちらに向きを変えたり、あちらに向きを変えたりするのに似ていると言っています。怠け者はずっと寝台で向きを変え、ずっと寝台を離れないでいます。彼は内側に向きを変えても寝台で眠っており、外側に向きを変えてもやはり寝台で眠っています。どちらへ寝返りを打っても、それは寝台の中でです。多くの人は寝台をあきらめ切れないのです。内側に向いてもその寝台は愛らしく、外側を向いてもその寝台はやはり愛らしいのです。左に向いても寝台の上ですし、右に向いてもやはり寝台の上です。彼は眠りを愛するあまり寝台と離れられないのです。多くの人はそうやってしばらくまた眠り、ずっと寝台を離れないでいます。しかし、神に仕えることを学ぶためには、良いクリスチャンになることを学ぶためには、毎日早起きし、朝早く起きなければなりません。

朝早く起きるなら、その人は多くの霊的な益を得るでしょう。普通の時間の祈りは、朝早い時間の祈りに及びません。普通の時間に聖書を読むことは、朝早く聖書を読むのに及びません。普通の時間に主と交わることは、朝早く主と交わるのに及びません。早朝は一日で一番良い時です。わたしたちは一番良い時間を別の事柄のために用いるべきではありません。一日の一番良い時、早朝を神の御前で用いるべきです。あるクリスチャンは一日の時間を全部、別の事のために費やし、夜になって最も疲れている時に、もうすぐ床について寝ようとする時に、やっとひざまずいて聖書を読んだり、祈ったりします。その人は聖書をうまく読めないし、祈りもうまくいかないし、主との交わりもうまくいきません。それは無理もありません。朝起きるのが遅すぎるからです。ですから、わたしたちは主を信じたらすぐ、朝早い時に時間を割いて、神と交わり、神と行き来することを学ばなければなりません。

二　早起きの模範

聖書において、神のしもべたちはみな早起きしていました。その模範を見てみましょう‥

(一)アブラハム――創世記十九・二七、二一・十四、二二・三。
(二)ヤコブ――創世記二八・十八。
(三)モーセ――出エジプト記八・二〇、九・十三、二四・四、三四・四。
(四)ヨシュア――ヨシュア記三・一、六・十二、七・十六、八・十。
(五)ギデオン――士師記六・三八。
(六)ハンナ――サムエル記上一・十九。

(七)サムエル――サムエル記上十五・十二。
(八)ダビデ――サムエル記上十七・二〇。
(九)ヨブ――ヨブ記一・五。
(十)マリア――ルカ二四・二二、マルコ十六・九、ヨハネ二〇・一。
(十一)使徒たち――使徒行伝五・二一。

これら多くの箇所の聖書は、神のしもべたちがそれぞれ早朝、神と交渉する習慣を持ち、それぞれ早朝に働く習慣を持ち、それぞれ早朝に神と交わる習慣を持っていたことを告げています。彼らは朝早く起きて、神の働きに関する事、ささげることに関係ある多くの事をなしました。聖書には早く起きなさいという神の命令はありませんが、忠実に神に仕えている人たちはみな朝早く起きていたことを見せている多くの模範があります。主イエスご自身でさえ早起きされました。彼は朝早く、まだ暗いうちに起きて、人のいない所へ行って祈られました(マルコ一・三五)。彼が十二使徒を立てようとされた時、早朝に彼の弟子たちを呼び寄せられました(ルカ六・十三)。わたしたちはなおさらのことではないでしょうか?

ですから兄弟姉妹よ、もし主に従うことを学ぼうとするなら、朝一時間早く起きても一時間遅く起きても大して違わないと思ってはなりません。一時間遅く起きたら、聖書を読むのもうまくいかないし、一時間遅く起きたら祈りもうまくいかないことを知るべきです。一時間早く聖書を読むのと、一時間遅く聖書を読むのとでは、同じだけの時間を費やしても結果は同じではありません。一時間早く祈るのと、一時間遅く祈るのとでは、効果が異なります。早起きは大きな祝福です。クリスチャン生活の開始において早起きの祝福を失わないようにと、わたしたちは願います。ある兄弟はクリスチャンになってから三年の間に、少なくとも五十回以上、「あなたは朝何時に起きますか?」と尋ねられました。早起きは大きな祝福です。早起きを学んだ人は、これが確かに一つの大きな事であるのを知っています。もし朝早く起きなければ、霊的にとても貧しい人になってしまいます。遅く起きれば、多くの損失を被り、多くの霊的なものを全部失ってしまいます。

聖書においてわたしたちはすでに多くの模範を見てきました。聖書に述べられていない神のしもべたちはどうでしょうか? ミューラー、ウェスレー、その他多くの有名な神のしもべたちもみな、朝早く起きました。わたしたちの知っている人、わたしたちが書物で読んだことのある人、神の御手の中で少しでも役に立った人は、みな朝早く起きることに注意しています。彼らは朝早く起きることを「朝の見張り」(モーニングウォッチ、Morning Watch)と呼んでいます。すべての神のしもべたちは、このモーニングウォッチを守ることを重んじています。この名称を見ただけで、これは相当早い時のことを言うのであるとわかります。日の出以後に見張りをしている人がいると聞いたことがあるでしょうか？　ありません。モーニングウォッチは朝早くのことです。これは良い習慣です。わたしたちクリスチャンは必ずこの習慣を養わなければなりません。神の子供たちは、たるんではいけません。教会は長年の間このように実行してきました。この種の良い習慣をずっと維持していくべきであり、みな朝早く起きて神にまみえるべきです。モーニングウォッチの名称は聖書にはありませんから、別の名称で呼んでも構いません。しかし、何はともあれ、朝早く起きて神にまみえることは重要な事です。

三　早朝にすべき事

早起きすればそれでいいというものではありません。霊的な学び、霊的な内容がなければなりません。ここでは早朝特にしなければならないいくつかの事を取り上げてみます。

A　神と交わる

雅歌第七章十二節の言葉から見ることができるように、早朝は主と交わるのに最も良い時です。交わりの意味は、わたしたちの霊を神に向かって開き、思いも開き、神に光を与えていただき、神に語っていただき、神にわたしたちを印象づけていただき、神に触れていただくことです(詩百十九・百五、百四七)。わたしたちの心は神へと向かって行き、また神にわたしたちの心へと来ていただきます。朝早く起きて神の御前に静まり、神の御前で黙想し、神の御前で導きを受け、神の御前で印象づけられ、神に語っていただく機会を得させ、神に触れる学びをしなければなりません。

B　賛美と歌うこと

早朝には賛美の声と歌う声があるべきです。歌う声が一番良いのは早朝です。早朝は賛美の時です。早朝は神に向かって歌う最も良い時です。最高の賛美を神に向かって送り届ける時は、わたしたちの霊が最も高揚している時です。

C　聖書を読む

早朝はまたマナを食べる時でもあります(マナはキリストを指しています)。マナを食べるとはどういうことでしょうか？　それは毎日早朝にキリストを享受することと、すなわち神の語りかけ、神の言を享受することです。それを食べてこそ、わたしたちは荒野を進んで行くことができます。マナを集めるのは早朝です。朝早く起きながら別の事のために時間を使うなら、霊的な面で満足を得たり養いを得ることはできません。

前に述べましたように、わたしたちは二冊の聖書を用意し、一冊は午後読むためとし、しるしを付けたり、多くの事を記したりします。もう一冊は早朝マナを食べるために用い、中にはどんな言葉も記さず、どんなしるしも付けません。早朝は長く多く聖書を読まないで、神の御前で聖書を開いて細やかに一段落を読んで、神との交わりと聖書を読むこととを混ぜ合わせ、歌うことと聖書を読むことも一緒に混ぜ合わせます。これは、第一歩が交わりで、第二歩が賛美で、第三歩が聖書を読むということでは決してありません。これらの事を神の御前で一緒に混ぜ合わせて行ない、同時に祈りを加えるのもいいでしょう。神の御前に来て神の言葉を開き、神の言葉を読んで罪の感覚があったなら告白してもいいでしょう。ある聖書の言葉が言っている事柄の上で、神があなたに恵みを与えておられると感じたなら、感謝してもいいでしょう。また聖書が言っているある事柄の上で神に願い求めて、「主よ、この事は真にわたしに欠けているところです。この一段落、この一節、この一句の言葉は、本当にわたしに欠けています。主よ、どうかあなたがわたしに与えてくださいますように」と言ってもいいでしょう。あなたが何かの約束を見いだしたなら、「主よ、わたしは信じます」と言ってもいいでしょう。何か恵みを見いだしたなら、「主よ、わたしは受け取ります」と言ってもいいでしょう。またとりなしの祈りをしても結構です。読んでいる時、ある兄弟姉妹の状況がちょうどこの箇所の聖書に反すると覚えたなら、神の御前で彼らを訴えたり、とやかく言うことをせずに、「神よ、この句の言葉がわたしの上に成りますように。またこの言葉がある兄弟、ある姉妹の上に成りますように」と言えばいいのです。ここで自分自身のために罪を告白したり、また他の人のために罪を告白してもいいでしょう。自分自身のために求めたり、また他の人のために求めてもいいでしょう。自分自身のために信じたり、他の人のために信じてもいいでしょう。あなた自身のために感謝したり、他の人のために感謝してもいいでしょう。早朝、聖書を読む際、長いのも多いのもよくありません。二、三節、あるいは四、五節読めば十分です。二、三節、あるいは四、五節の聖書の言葉を一時間読めば十分です。こうして一句一句読み、祈り、神と交わっていくなら、満たされるでしょう。

旧約にも新約にもそのように神と交わった人がいます。彼らは神を認識しており、神と行き来があり、彼らは神との交わりを生活と一つに混ぜ合わせています。

ダビデは詩篇の中で「あなた」と言ったと思えば、すぐに「彼」と言い、人に向かって言ったかと思えば、すぐに祈りに変えています。ある詩篇では、数句の言葉が人の前での言葉であり、数句は神の御前へともたらされています。ダビデは一面人と語り、一面神のところに行っています。詩篇は、ダビデが神と交わりのあった人であることを証明しています。

ネヘミヤは働きをしていた時、数句の言葉を語り、それから数句の祈りをなしています。王が彼に尋ねた時、彼はこちら側では王と語り、あちら側では主と語っていました。働きと祈りが一つに混ざり合っており、働きは働き、祈りは祈りというように分かれていませんでした。

ローマ人への手紙は、パウロがローマ人たちに書き送ったものです。しかし、彼の言葉はしばしば主の御前へと転じています。何度も彼は、あたかもローマ人たちに向かって語っているのを忘れたかのようにして神の御前で話しています。パウロの書簡にはこの種の状況がたびたびあり、すぐさま神の御前へと転じています。

ガイオン夫人の自叙伝を読んだことのある人は、彼女の特徴を知っているでしょう。多くの人は自叙伝を書く時、人に向かって話す口調を用います。しかし、ガイオン夫人は人に向かって話したかと思うと、神に向かって話しています。ある時はケンペアに対して語り(ケンペアが彼女に自叙伝を書かせたのです)、そのすぐ後に主に対して語っています。これが交わりです。神と交わるのにいつが始まりでいつが終わりなのか判然としません。物事をほったらかして祈りに行くというのでもなく、仕事を片付けてから祈るというのでもなく、両方を混ぜ合わせて行なうのです。

ですから、朝早くマナを食べる時、祈りを神の言葉の中に織り込み、賛美を神の言葉の中に織り込み、交わりを神の言葉の中に織り込むことを学ばなければなりません。あなたは地上にいたかと思えば、もう天上にいますし、自分自身の前にいたかと思えば、もう神の御前にいます。毎日、早起きして神の御前でこのようにするなら、しばらくすると満足を感じ、神の言葉も豊かにあなたの内に住むでしょう。このように神の言葉を読み、マナを食べることは、欠けてはならないことです。多くの弱い兄弟姉妹が荒野の中で歩けないでいますが、そういう人には、「あなたは何か食べましたか?」と聞いてみる必要があります。彼らが歩けないのは、食べ方が足りないからです。マナは朝早く拾うものですから、少し早く起きなければなりません。ちょっと遅れて起きようものなら食べられません。わたしたちは朝早く起きて、神の御前で労苦して神の言葉を読む必要があります。

D　祈り

わたしたちは早朝、神の御前で交わり、賛美し、マナを食べなければなりませんが、祈りもまた必要です。詩篇第六三篇一節と第七八篇三四節の「熱心に」は、原文ではみな「早く」の意味です。朝早く祈る必要があります。前の所で述べた祈りは、一緒に混ぜ合わせて行なうものでしたが、ここでは専一に行なう祈りです。交わりをし、賛美もし、マナも食べて、最後にあなたは十分に力を得て、すべての事を神の御前でよくよく祈ることができます。祈りは確かに力を要します。まず早起きして、神に親しみ、養われなければなりません。その後、三十分か十五分、いくつかの重要な事柄のため、あなた自身のため、教会のため、世の人のために祈ります。もちろん午後とか夜にまた祈ってもいいでしょう。しかし早朝の時は、新たに得た力を、たった今主と交わり、マナを食べて得た力を、祈りに注ぐことができるので、さらに大きな助けを得ることができます。

　ですから、主を信じている人はだれでも、早朝この四つの事、すなわち神と交わり、賛美し、聖書を読み、祈ることを、神の御前でよくよく行なうべきです。早朝にこのようにしたかどうかが、その日の生活に必ずはっきり現れます。ミューラーのような人でさえ、早朝、主によって養われたかどうかが彼の一日の霊的な状態を決定すると言いました。彼は、一日の霊的な状態がどうであるかは、その日早起きして神の御前で養われたかどうかによると言っています。多くの人が一日中よくないのは、早起きがうまくいっていないからです。もちろんわたしたちは、もし人が霊的行程において前進しており、霊と魂が完全に分けられる経験をし、外なる人が砕かれているなら、容易に揺らぐことはないであろうことは認めます。しかし、それは別の事です。初信者はとにかく早起きを学ばなければなりません。これをおろそかにすれば、何もかもいいかげんになってしまい、何もかも正しくなくなってしまいます。朝早く神の御前で養いを得たか得ないかで、非常に大きな違いが出てきます。

かつてある有名な音楽家が言いました、「もし一日練習しなかったら、自分自身が駄目だと感じ、二日練習しなかったら、友達が駄目だと感じ、三日練習しなかったら、聴衆がみな駄目だと感じるものである」。音楽の練習がこのようであるなら、早起きしての霊的な学びはさらにそうです。早朝、神の御前でモーニングウォッチを持つことを一日失敗しただけで、自分自身がわかります。学びのある人があなたに出会ってもわかります。それは、あなたがあの霊の源に触れていないからです。初信者は初めから厳しく自分を拘束し、毎朝早く起きて、神の御前でこれらの学びをしなければなりません。

四　朝早く起きる実行

最後に少し実行について述べましょう。どうしたらわたしたちは朝早く起きることができるでしょうか？　いくつかの事に注意すべきです。

早起きする人はすべて夜早く寝るという習慣がなければなりません。夜遅く寝て、朝早く起きようと思うのは、ろうそくを両端から燃やすようなもので、できるはずがありません。

早起きの目標は、高くしすぎてはいけません。ある人は三時に起きようと決め、ある人は四時に起きようと決めますが、その結果かえってやり通すことができず、何日かでやめてしまいます。やはり適切な方法で行なうのが好ましいのです。だいたい五時、六時といったところが適当な時間でしょう。夜が明けかかっているころ、あるいは夜が明けたばかりのころの夜明け前後がいいでしょう。早すぎれば長続きしないでしょう。目標が高すぎれば、良心のとがめを招きます。ある人は目標を高くしすぎて、家族との間に問題を引き起こします。ある人は職場で問題が生じます。ある人は他の人の家に泊めてもらう時、その家の主人との間に問題が起きます。そうであれば益になりませんから、ふさわしい決定が必要です。わたしたちは極端な道を歩むことを提唱するのではありません。ですから、目標は高すぎる所に置いてはなりません。体の必要と環境の状態に照らし合わせて、いつごろ起きたら適当かを神の御前でよくよく考慮して、目標を定め、それからその時間を守るようにしましょう。

始めたばかりのころは少し困難でしょう。往々にして一日目は簡単で、二日目も簡単ですが、三日目は簡単ではありません。最初の何日かは容易なのですが、数日過ぎると寝床がいとおしくなって起きられなくなります。特に冬はそうです。新しい習慣を身につけるには相当な時間が必要なものです。最初は普段遅く起きていたために、あなたの神経は「遅い」方に傾いているでしょうが、何度か早起きしているうちに次第に神経は「早い」方に傾いてきます。しばらくすると、遅く起きてみようと思っても、時間が来ると眠っていられなくなります。ですから、最初のころは強いて起きることに努めなければなりません。習慣が身につくまでは、神が恵みを与えてこの習慣をつけさせてくださるよう求める必要があります。一回やって、もう一回やり、さらにもう一回と、毎日心残りを捨てて寝床から起きているうちに、自然に早起きできるようになります。必ずこの習慣を養い、神の御前で朝早く交わる恵みにあずからなければなりません。

健康な人には八時間以上の睡眠は不要です。自分は例外だとは絶対に思わないでください。早く起きすぎると体に悪いと懸念してはいけません。あなたの心配が体を悪くしてしまっているかもしれないのです。多くの人は自分を愛しすぎて、かえって自分を駄目にしています。医者から、あなたは病気であるから、十時間または十二時間の睡眠が必要だと言われたら別です。普通の人は、六時間から八時間の睡眠で十分足ります。しかしながら、極端に走ってはいけません。とにかく六時間から八時間は確保して、それより少なくしてはいけません。体に病のある人には、朝早く起きることを勧めません。朝目が覚めたら、寝床に横になったまま聖書を読んでも構いません。しかしながら、医者に寝床にとどまっているよう言われていない人や、本当の病人でない人は、一人一人みな朝早く起きるべきです。

少し年長の人たち、重みのある人たちは、神の御前でこの事を維持していただきたいと思います。教会は怠惰な人に対しては一押しして、その人を奮い動かすべきです。初信者をこの大きな祝福のある状況にもたらさなければなりません。機会があるごとに、「あなたは毎日何時に起きますか?」と尋ねてみましょう。数日たってから、再び「今日は何時に起きましたか?」と聞いてみます。このように催促することを、少なくとも一年は続けます。一年たった後もやはり問い続ける必要があるかもしれません、「兄弟、あなたは何時に起きるのですか？」。初信者を見かけたらすぐ尋ねます。彼らがあなたの助けを受けるまで、問い続けるのです。しかし、自分自身が神の御前でよく学んでいなければ、このような事をするのはあまり容易ではありません。ですから、わたしたち自身がまず神の御前で先に学ばなければなりません。

朝早く起きることは、信者の習慣の中で第一のものであると言っていいでしょう。食事の時に神に感謝するのは一つの習慣です。主日に集会するのも一つの習慣です。朝早く起きるのはさらに信者になければならない習慣です。とにかく、初信者は習慣を養わなければなりません。ある人は信者になって久しいのに、早起きの祝福にいまだあずかったことがなく、早起きの恵みを享受したことがありません。それはとても残念な事です。わたしたちはこの恵みを得るために、よくよく学ばなければなりません。もし多くの兄弟姉妹が共に学ぶなら、多くの人が朝早く起きるようになり、教会は前進するでしょう。一人の兄弟が光を多く得れば、教会全体が明るくなります。それぞれが少しずつ光を得、毎日増し加わっていくなら、教会全体が豊かになります。教会が貧しいのは、かしらから受け取る人が少なすぎるからです。

一人一人がみなかしらから受け取ることができれば、個人で得るものは多くなくても、合わせれば豊かになります。

わたしたちは教会において、少数の人だけが働きをすることを望みません。あらゆる肢体が神の御前で立ち上がり、教会全体が立ち上がって、豊富を得、恵みを得ることを望みます。一つの肢体が得ることは、からだ全体が得ることです。もしすべての兄弟姉妹がこの道を歩むなら、神の御前で受け取る多くの器官が備わり、わたしたちはますます豊かになります。兄弟姉妹が早起きを小さな事と見なさないことを、わたしたちは望みます。わたしたち全員が早起きを学び、早起きし続けるなら、霊的な前途があるでしょう。

早起き

2012年3月1日　初版印刷発行　定価250円（本体238円）

© 2012 Living Stream Ministry

著　者　ウ　オ　ッ　チ　マ　ン・ニ　ー

発行所　J G W 日　本　福　音　書　房
〒151-0053 東京都渋谷区代々木1-40-4
TEL 03-3373-7202　FAX 03-3373-7203
（本のご注文）TEL 03-3370-3916　FAX 03-3320-0927
振替口座００１２０－３－２２８８３

落丁・乱丁の際はお取りかえいたします。

ISBN978 4-89061-625-1 C0016 ¥238E